LES NOMS DE LIEUX DE FRANCE PORTANT VOTRE NOM DE FAMILLE

Les noms de lieux de France portant votre
nom de famille

LES GROUAZEL
et leurs variantes

Romain Grouazel-Krauss
Pierre Pétour

ISBN: 1717067018
ISBN-13: 978-1717067012

TABLE DES MATIÈRES

SUR LA DATATION DES TOPONYMES

En règle générale, les toponymes en *ville*–correspondent plus ou moins à l'an mil, ceux en *–ière* et *–erie* évoquent très souvent le XIIe siècle alors que ceux en *–ais* les suivent chronologiquement au XIIIe siècle, - quant aux *clos*–, ils rappellent les grands défrichements du Moyen-Âge (XI-XVe siècle).

Il y a 1000 ans, les ancêtres et homonymes des Grouazel vivaient principalement en Bretagne, dans le Maine, l'Orne, la Mayenne et la Sarthe !

Carte de tous les anthroponymes
faisant référence à d'anciennes
familles Grouazel

1 LE GLAIRU GUEROISSET
2 LA CROIX GROUAZEL
3 LE CLOS GROUAZEL
4 LA GROUESELIERE
5 LE JARDIN GROIZEL
6 PIECE DE LA GROISELLIERE
7 LA GROIZELLIERE
8 PIECE DE LA GROISELLIERE
9 LA GROIZELLIERE
10 LES GROISELLERIES
11 LA GROISELIERE
12 PARC GROISELLE
13 LA GROISELLIERE
14 PRE DE LA GROISELLERIE
15 LA GROUASELIERE
Perros-Guirec
Paimpol
Lannion
le-Léon
Guingamp
Saint-Brieuc
Saint-Malo
Avranches
Granville
Vire
Dinan
Lamballe
Parc Naturel
Régional
Normandie-Maine
Alençon
Fougères
Mayenne
aix-Plouguer
Loudéac
Rennes
Laval
Le Mans
Pontivy
Mulsanne
Ploërmel
Château-Gontier
Sablé-sur-Sarthe
La Flèche
Lorient
Auray Vannes
Quiberon
Angers
Loire
Saumur
Chambray-lè
Le Palais
Saint-Nazaire
Pornichet
Nantes
Saint-Herblain
Chinon
Pornic
Cholet

Carte des lieux-dits les plus probables
à l'origine du –ou des, patronyme
Grouazel

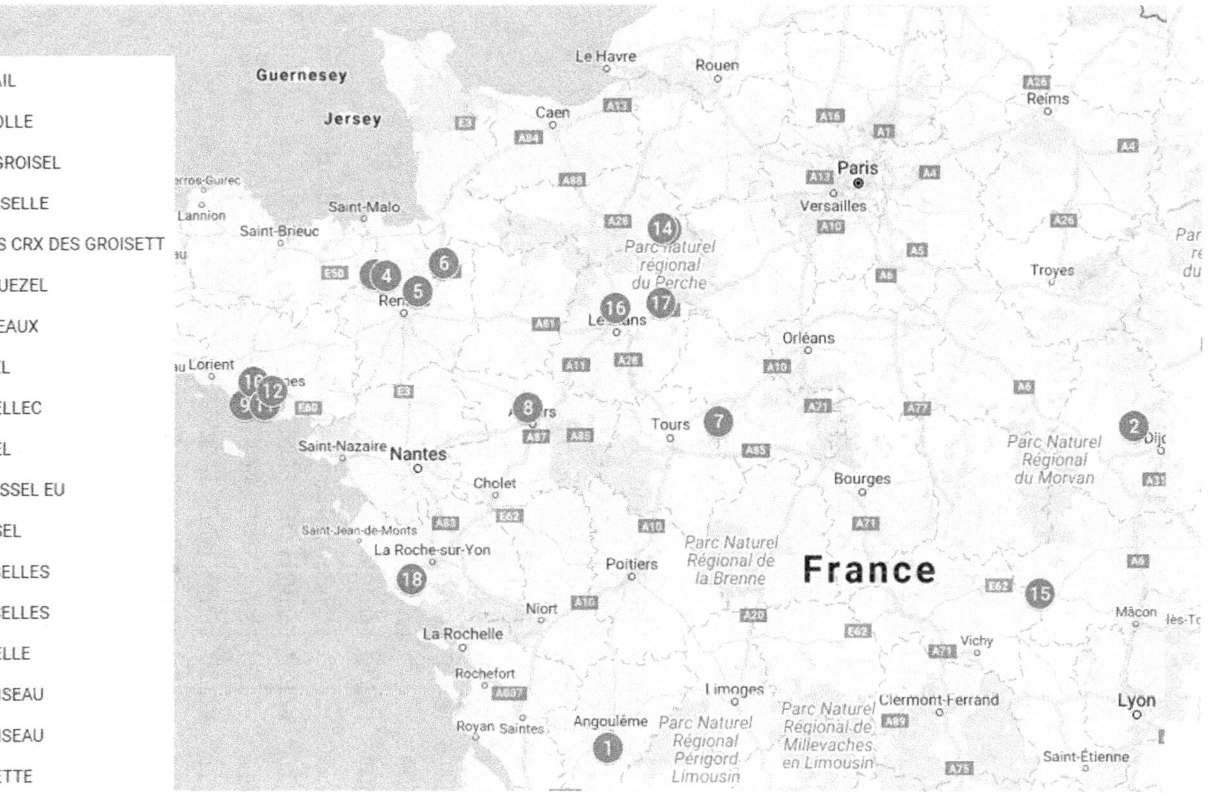

1 LE GROIZAIL
2 LA GROIZOLLE
3 LE PETIT GROISEL
4 LA GROUASELLE
5 CLOS PRES CRX DES GROISETT
6 LE QUEROUEZEL
7 GROUASSEAUX
8 LE GROIZEL
9 ER GROISELLEC
10 ER GROISEL
11 ER GROUASSEL EU
12 ER GROISSEL
13 LES GROISELLES
14 LES GROISELLES
15 LA GROISELLE
16 LE GUEROISEAU
17 LE GUEROISEAU
18 LA GROISETTE
France
Guernesey
Jersey
Le Havre
Rouen
Caen
Paris
Versailles
Reims
Troyes
Saint-Malo
Saint-Brieuc
Lannion
Rennes
Le Mans
Orléans
Lorient
Angers
Tours
Bourges
Nantes
Saint-Nazaire
Cholet
Saint-Jean-de-Monts
La Roche-sur-Yon
Poitiers
Niort
La Rochelle
Rochefort
Royan Saintes
Limoges
Angoulême
Clermont-Ferrand
Lyon
Saint-Étienne
Vichy
Mâcon
Dijon
Parc naturel régional du Perche
Parc Naturel Régional de la Brenne
Parc Naturel Régional de Millevaches en Limousin
Parc Naturel Régional Périgord Limousin
Parc Naturel Régional du Morvan

Liste complète des toponymes classée par code Insee, code postal, lieu-dit et commune

01288, 01630, PRE DE GROISE, PERON
11175, 11230, GREOUSSE BASSE, ISSEL
11175, 11230, GREOUSSE HAUTE, ISSEL
14065, 14370, LA GROUESSE, BERNIERES-LE-PATRY
14726, 14410, LA GROUESSE, VASSY
16236, 16440, LE GROIZAIL, MOUTHIERS-SUR-BOEME
16097, 16440, LA GROUASSE, CHERVES-RICHEMONT
16034, 16570, LA RENTE DE LA GROIZE, BAZAC
16050, 16700, LES BRANDES ET LES GROIZIL, BONNEUIL
17160, 17120, LE BOIS DES GROISES, FLOIRAC
17160, 17120, LES GRANDES GROISES, FLOIRAC
17160, 17120, LES PETITES GROISES, FLOIRAC
18104, 18120, LES PRES DE GROISES, GROISES
18104, 18120, GROISES, GROISES
18132, 18120, RTE DE GROISES, LUGNY-CHAMPAGNE
18240, 18140, RTE DE GROISES, SANCERGUES
18094, 18300, LES VALLEES DE GROISES, FEUX
18116, 18300, RTE DE GROISES, JALOGNES
18258, 18300, LES GROUASSES, SURY-EN-VAUX

21702, 21120, BAS DES GROIZES, VILLEY-SUR-TILLE
21702, 21120, DESSUS DES GROIZES, VILLEY-SUR-TILLE
21702, 21120, LES GROIZES, VILLEY-SUR-TILLE
21599, 21260, LES GROISES, SELONGEY
21275, 21260, LES GROISSES, FONCEGRIVE
21667, 21260, GROISSES, VERONNES
21562, 21270, DERRIERE LES GROISES, SAINT-MAURICE-SUR-VINGEANNE
21562, 21270, SUR LES GROISES, SAINT-MAURICE-SUR-VINGEANNE
21659, 21440, LA GROIZOLLE, VAUX-SAULES
22391, 22350, LES GROUAISSUY, YVIGNAC-LA-TOUR
22053, 22460, LE GLAIRU GUEROISSET, EREAC
22268, 22550, LA CROIX GROUAZEL, RUCA
22323, 22550, LE CLOS GROUAZEL, SAINT-POTAN
28103, 28600, LA GROUAISE, CLOYES-SUR-LE-LOIR
28103, 28600, PETITE GROUAISE, CLOYES-SUR-LE-LOIR
29234, 29380, KERGROISE, REDENE
35078, 35120, LA GROUESELIERE, CHERRUEIX
35318, 35190, LE PETIT GROISEL, SAINT-THUAL
35337, 35190, LA GROUASELLE, TINTENIAC
35067, 35230, CLOS PRES CRX DES GROISETT, CHASNE-SUR-ILLET
35212, 35320, LA GROUASE, PANCE
35212, 35320, LE PRE DE LA GROUASE, PANCE
35084, 35330, LE GROUESSI, COMBLESSAC
35191, 35460, LE JARDIN GROIZEL, MONTOURS
35267, 35460, LE QUEROUEZEL, SAINT-ETIENNE-EN-COGLES
35300, 35500, LE GROISEILLER, SAINT-M'HERVE
35019, 35560, LE GROISSELLER, BAZOUGES-LA-PEROUSE
35019, 35560, JANIER DES GROISSINS, BAZOUGES-LA-PEROUSE
35064, 35660, LE GROISSEILLER, LA CHAPELLE-DE-BRAIN
41144, 41800, GROUASSEAUX, MONTEAUX
44049, 44490, SAINT GOUSTAN KER GROISE, LE CROISIC
45145, 45640, LES GROUASSES, FERRIERES-EN-GATINAIS
49007, 49000/49700, RUE ROGER GROIZELEAU, ANGERS
49307, 49250, PIECE DE LA GROISELLIERE, SAINT-MATHURIN-SUR-

LOIRE

49307, 49250, LA GROIZELLIERE, SAINT-MATHURIN-SUR-LOIRE

49001, 49270, LES GROISIS, LES ALLEUDS

49050, 49270, LES GROISIS, BRISSAC-QUINCE

49170, 49330, LES GROISIS, JUVARDEIL

49045, 49390, LE POIRIER DE LA GROISELET, LA BREILLE-LES-PINS

49045, 49390, CHE POIRIER DE LA GROISELET, LA BREILLE-LES-PINS

49369, 49390, LE GROIZE, VERNOIL-LE-FOURRIER

49135, 49460, LE GROIZEL, FENEU

49019, 49590, PIECE DE LA GROISELLIERE, BAUNE

49019, 49590, LA GROIZELLIERE, BAUNE

49220, 49640, LES GROISELLERIES, MORANNES

52145, 52100, LES GROISES, COUBLANC

52229, 52100, LES GROISES, GRENANT

52229, 52100, SOUS LES GROISES, GRENANT

52113, 52190, LES GROISES, CHASSIGNY

52425, 52190, LES GROISES, RIVIERE-LES-FOSSES

52425, 52190, SUR LES GROISES, RIVIERE-LES-FOSSES

53127, 53110, LE PRE GROISE, LASSAY-LES-CHATEAUX

53127, 53110, LA GROISELIERE, LASSAY-LES-CHATEAUX

56121, 56100, KERGROISE, LORIENT

56121, 56100, QUAIDE KERGROISE, LORIENT

56121, 56100, AV DE KERGROISE, LORIENT

56121, 56100, RPT DE KERGROISE, LORIENT

56156, 56120, GROUASCOUET, PERSQUEN

56110, 56120, KERGROISE, LIGNOL

56137, 56130, ER GOH GROIZE, MONTERBLANC

56162, 56270, PARC ER GROISE, PLOEMEUR

56162, 56270, TAL GROISIAOU, PLOEMEUR

56181, 56290, LANN GROIZEC, PORT-LOUIS

56125, 56300, PARC ER GROISE, MALGUENAC

56125, 56300, TACHEN ER GROIZE, MALGUENAC

56125, 56300, ER GROIZE HENT, MALGUENAC

56125, 56300, ER GROIZE HENTE, MALGUENAC
56125, 56300, LANN ER GROIZE HYHUELE, MALGUENAC
56125, 56300, PARC ER GROIZE, MALGUENAC
56125, 56300, PARC GROIZE, MALGUENAC
56125, 56300, PARC ER GROIZEC, MALGUENAC
56237, 56300, CLOS ER GROUEITE, SAINT-THURIAU
56237, 56300, KERGROISI, SAINT-THURIAU
56026, 56310, POUL GROISEC, BUBRY
56076, 56310, TACHEN COUARCE ER GROIZE, GUERN
56076, 56310, COUARCE ER GROIZE, GUERN
56076, 56310, ER GROIZE BIHAN, GUERN
56076, 56310, ER GROIZE BRAS, GUERN
56076, 56310, ER STANGER GROIZE, GUERN
56076, 56310, LAN ER GROIZE, GUERN
56076, 56310, LANN ER GROIZE, GUERN
56076, 56310, PARC STANG ER GROIZE, GUERN
56076, 56310, STANGER GROIZE, GUERN
56131, 56320, ER ROUARHEM GROISE, MESLAN
56131, 56320, PARC ER GROISE, MESLAN
56131, 56320, PARC LANN ER GROISE, MESLAN
56131, 56320, STENDEN ER GROISE, MESLAN
56182, 56320, KERGROISE, PRIZIAC
56177, 56330, GROISEC TRES, PLUVIGNER
56177, 56330, PARC GROISEC, PLUVIGNER
56034, 56340, LANNE ER GROISE, CARNAC
56034, 56340, MANE ER GROISE, CARNAC
56034, 56340, PARC ER GROISE, CARNAC
56034, 56340, PARC TAL ER GROISE, CARNAC
56034, 56340, TAL ER GROISE, CARNAC
56034, 56340, TAL ER GROISE ER HUEL, CARNAC
56034, 56340, LANNE ER GROISE, CARNAC
56034, 56340, ER GROISEC, CARNAC
56034, 56340, TAL ER GROISEC, CARNAC
56034, 56340, PARC GROISELLE, CARNAC
56034, 56340, ER GROISELLEC, CARNAC

56034, 56340, TAL ER GROISI DRIAS, CARNAC
56034, 56340, ER GROISIEU, CARNAC
56034, 56340, TAL ER GROIZE, CARNAC
56034, 56340, PARC ER GROUEZE, CARNAC
56034, 56340, TAL ER GROUEZE, CARNAC
56034, 56340, ER GROUEZEC, CARNAC
56034, 56340, PARC ER GROUEZEC, CARNAC
56014, 56370, KERGROISE, BERNE
56067, 56390, PAR ER GROIZE BRAS, GRAND-CHAMP
56067, 56390, PARC ER GROIZE, GRAND-CHAMP
56067, 56390, PARC ER GROIZE BIHAN, GRAND-CHAMP
56067, 56390, PARC ER GROIZE BRAD, GRAND-CHAMP
56067, 56390, PARC ER GROIZE D ENGUIAS, GRAND-CHAMP
56067, 56390, PARC ER GROIZE VERLUE, GRAND-CHAMP
56067, 56390, ER BULY ER GROUESS, GRAND-CHAMP
56023, 56400, PARC ER GROISE, BRECH
56176, 56400, TAL ER GROISE, PLUNERET
56167, 56400, ER GROISEC, PLOUGOUMELEN
56023, 56400, ER GROISEL, BRECH
56023, 56400, ER GROISEQ, BRECH
56023, 56400, ER LUEN ER GROISER, BRECH
56167, 56400, GROISIC VRAS, PLOUGOUMELEN
56023, 56400, PARC EHEN ER GROIZE, BRECH
56023, 56400, PRELIN ER GROIZE, BRECH
56023, 56400, TAL ER GROIZE, BRECH
56161, 56400, PARC GROIZEC HAREL, PLOEMEL
56175, 56400, PARC LANGROISE, PLUMERGAT
56054, 56410, PARC KERGROISE, ERDEVEN
56248, 56450, PARC GUERROUSSET, SURZUR
56248, 56450, PARC GUERROUSSET TOSTAN, SURZUR
56002, 56500, LE COURTIL DE GROIZEC, AMBON
56002, 56500, PRE GROIZEC, AMBON
56174, 56500, KERGROISE, PLUMELIN

56078, 56520, KERGROISE, GUIDEL
56078, 56520, KERGROISE LANNENEC, GUIDEL
56078, 56520, SOUS KERGROISE, GUIDEL
56081, 56560, ER GROISE, GUISCRIFF
56081, 56560, LANN ER GROISE, GUISCRIFF
56081, 56560, LEURIERE GROISE, GUISCRIFF
56081, 56560, PARC ER GROISE, GUISCRIFF
56081, 56560, LIORH ER GROISSE, GUISCRIFF
56040, 56620, KERGROISE, CLEGUER
56040, 56620, RTE DE KERGROISE, CLEGUER
56222, 56660, KERGROISEC, SAINT-JEAN-BREVELAY
56222, 56660, KERGROIZEC, SAINT-JEAN-BREVELAY
56170, 56770, PRAT ER GROIZE, PLOURAY
56036, 56850, KERGROISE KERBEBAN, CAUDAN
56106, 56870, ER GROUASSEL EU, LARMOR-BADEN
56106, 56870, ER GROUESSE, LARMOR-BADEN
56164, 56880, ER GROISSEL, PLOEREN
56092, 56920, PARC LANN ER GROUESS, KERFOURN
59137, 59120, RUE DE LA GROISE, CATILLON-SUR-SAMBRE
59137, 59120, AV DE LA GROISE, CATILLON-SUR-SAMBRE
59274, 59120, LA GROISE, LA GROISE
59274, 59120, MOULIN DE LA GROISE, LA GROISE
59461, 59244, RIEUX A GROISE, PETIT-FAYT
59474, 59496, RTE DE LA GROISE, PRISCHES
61491, 61190, LES GROISELLES, TOUROUVRE
61400, 61190, GROUASSE DE LA MARE, SAINT-GERVAIS-DU-PERRON
61309, 61210, PRE GROYSIL, NOCE
61065, 61240, LES GROISELLES, BUBERTRE
61165, 61320, LA GROISTIERE, LA FERRIERE-BOCHARD
61409, 61340, PRE GROYSIL, SAINT-JEAN-DE-LA-FORET
61075, 61700, LA GROISELLIERE, CEAUCE
70183, 70600, GROISES, COURTESOULT-ET-GATEY
70183, 70600, LES GROISES, COURTESOULT-ET-GATEY
70252, 70600, BOIS DES GROISES, FRAMONT
70252, 70600, CHEMDES GROISES A MONT, FRAMONT

71176, 71160, LA GROISELLE, DIGOIN
72281, 72110, LES GROISES, SAINT-GEORGES-DU-ROSAY
72205, 72170, LE GUEROISEAU, MONTBIZOT
72063, 72190, LA LANDE DE GROISIL, LA CHAPELLE-GAUGAIN
72268, 72220, PRE DE LA GROISELLERIE, SAINT-BIEZ-EN-BELIN
72261, 72240, LA GROUASELIERE, RUILLE-EN-CHAMPAGNE
72368, 72310, PRE DE GROISIL, VANCE
72245, 72400, GROUAZILLERE, PREVAL
72267, 72400, LE GUEROISEAU, SAINT-AUBIN-DES-COUDRAIS
72070, 72540, LA GROISE, CHASSILLE
74096, 74350, RTE DE GROISY, CRUSEILLES
74120, 74570, RTE DE GROISY, EVIRES
74137, 74570, GROISY, GROISY
74137, 74570, GROISY, GROISY
74282, 74570, RTE DE GROISY, THORENS-GLIERES
77432, 77320, LA PIECE GROISIE, SAINT-REMY-LA-VANNE
77261, 77710, LES GROUASSES, LORREZ-LE-BOCAGE-PREAUX
85029, 85230, LE GROIZELEAU, BOUIN
85099, 85670, LA GROISETTE, LE GIROUARD

Liste complète des toponymes proches de votre nom classée par code Insee, code postal, lieu-dit et commune

16236, 16440, LE GROIZAIL, MOUTHIERS-SUR-BOEME
21659, 21440, LA GROIZOLLE, VAUX-SAULES
35318, 35190, LE PETIT GROISEL, SAINT-THUAL
35337, 35190, LA GROUASELLE, TINTENIAC
35067, 35230, CLOS PRES CRX DES GROISETT, CHASNE-SUR-ILLET
35267, 35460, LE QUEROUEZEL, SAINT-ETIENNE-EN-COGLES
41144, 41800, GROUASSEAUX, MONTEAUX
49135, 49460, LE GROIZEL, FENEU
56034, 56340, ER GROISELLEC, CARNAC
56023, 56400, ER GROISEL, BRECH
56106, 56870, ER GROUASSEL EU, LARMOR-BADEN
56164, 56880, ER GROISSEL, PLOEREN
61491, 61190, LES GROISELLES, TOUROUVRE
61065, 61240, LES GROISELLES, BUBERTRE
71176, 71160, LA GROISELLE, DIGOIN
72205, 72170, LE GUEROISEAU, MONTBIZOT
72267, 72400, LE GUEROISEAU, SAINT-AUBIN-DES-COUDRAIS
85099, 85670, LA GROISETTE, LE GIROUARD

Liste complète des anthroponymes classée par code Insee, code postal, lieu-dit et commune

22053, 22460, LE GLAIRU GUEROISSET, EREAC
22268, 22550, LA CROIX GROUAZEL, RUCA
22323, 22550, LE CLOS GROUAZEL, SAINT-POTAN
35078, 35120, LA GROUESELIERE, CHERRUEIX
35191, 35460, LE JARDIN GROIZEL, MONTOURS
49307, 49250, PIECE DE LA GROISELLIERE, SAINT-MATHURIN-SUR-LOIRE
49307, 49250, LA GROIZELLIERE, SAINT-MATHURIN-SUR-LOIRE
49019, 49590, PIECE DE LA GROISELLIERE, BAUNE
49019, 49590, LA GROIZELLIERE, BAUNE
49220, 49640, LES GROISELLERIES, MORANNES
53127, 53110, LA GROISELIERE, LASSAY-LES-CHATEAUX
56034, 56340, PARC GROISELLE, CARNAC
61075, 61700, LA GROISELLIERE, CEAUCE
72268, 72220, PRE DE LA GROISELLERIE, SAINT-BIEZ-EN-BELIN
72261, 72240, LA GROUASELIERE, RUILLE-EN-CHAMPAGNE

REMARQUES

Pour une recherche sur les variantes de votre nom et/ou afin de nous
signaler toute remarque ou amélioration possible concernant cet ouvrage,
n'hésitez pas à nous contacter à l'adresse suivante : rgrouazel@hotmail.com.

Afin de retrouver ces parcelles, veuillez les consulter sur la « matrice
cadastrale » qui se trouve en chaque mairie. Le cadastre ancien est
également accessible en ligne et/ou dans les locaux des archives
départementales. D'autres outils tels www.geoportail.com et le cadastre
actuel https://www.cadastre.gouv.fr/ vous permettront de visualiser ces
lieux-dits.